66914110R00073

Made in the USA
Middletown, DE
08 September 2019